Dieses Buch gehört

# Liebe Eltern,

wir wollen Ihr Kind beim Lesenlernen unterstützen, und zwar mit Geschichten, die Spaß machen.

Unsere Bücher mit dem liebenswerten Leselöwen begleiten Ihr Kind durch die 2. Klasse. Sie enthalten Geschichten zu spannenden Themen, mit einfachen Sätzen und gut lesbarer Schrift. Viele bunte Bilder sorgen für Lesepausen und helfen, die Geschichten zu verstehen. Mit den Aufgaben zum Text kann Ihr Kind selbst prüfen, ob es den Text richtig verstanden hat. Zu den markierten Wörtern warten am Ende des Buches spannende Fakten und in unserem Onlineportal finden Sie viele weitere Extras.

So wird Ihr Sohn oder Ihre Tochter zum echten Leselöwen!

Ihr

Leselöwe

Jetzt geht es

los!

Pippa Young

# Reitstunden auf Ponyhof Apfelblüte

Illustriert von Lisa Althaus

Übersetzt von Sandra Margineanu

www.leseloewen.de

*Mit besonderem Dank an Victoria Holmes*

ISBN 978-3-7432-0975-6
1. Auflage 2021
Copyright Text: © 2020 by Working Partners Limited Series
created by Working Partners Limited
Alle Rechte vorbehalten.
Für die deutschsprachige Ausgabe © 2021 Loewe Verlag GmbH, Bindlach
Aus dem Englischen übersetzt von Sandra Margineanu
Umschlagillustration: Saeta Hernando
Innenillustrationen: Lisa Althaus
Umschlaggestaltung: Kathrin Tobian
Vignetten Leselöwe: Angelika Stubner
Printed in the EU

www.loewe-verlag.de

# Inhalt

# Das Geschenk

Marie hat heute Geburtstag.

Sie wird schon neun.

Auf dem Tisch liegen ihre Geschenke.

„Pack aus!", drängelt ihr Bruder Jo.

Also nimmt Marie das erste Geschenk.

Es hat eine komische Form.

„Vielleicht Rollschuhe?", denkt sie.

Sie reißt das Papier auf.

Falsch geraten. Es ist ein **Reithelm**!

„Tante Ilse schenkt dir Reitstunden
auf dem Ponyhof Apfelblüte",
liest Mama vor.

„Reitstunden?", überlegt Marie.

„Ich weiß doch gar nichts über **Ponys**."

Am Tag ihrer ersten Reitstunde
ist Marie ganz schön aufgeregt.
Mama lenkt das Auto
eine kurvige Straße hoch
zu einer alten Burganlage.
„Der Ponyhof ist in der Burg",
erzählt sie. „Toll!", staunt Marie.

Marie und Mama betreten den Hof
durch einen großen Torbogen.
Einige Ponys gucken aus dem Stall
und Mädchen laufen
mit Sätteln und **Halftern** herum.
Neben einem Apfelbaum sind
vier Ponys angebunden.

Der Ponyhof gehört Frau Marle.

„Hallo!", begrüßt sie Marie und Mama.

Mama geht mit ihr ins Büro.

Aber Marie wartet lieber auf dem Hof

und beobachtet die Mädchen.

„Die können bestimmt alle

gut reiten", denkt sie unsicher.

Zwei Mädchen kommen auf Marie zu.

„Ich bin Lena und

das ist Hannah", sagt das Mädchen

mit den langen braunen Haaren.

„Hier sind so viele Ponys",

staunt Marie.

„Wisst ihr ihre Namen?"

Hannah lacht. „Na klar!"
Sie deutet auf die Ponys.
„Das sind Samson, Aska,
Goldstück und Lancelot.
Neben dem Apfelbaum stehen
Rapunzel, Coco, Smartie und Biene."

„Sie sind so süß!" Marie strahlt.

„Das sind sie", sagt Lena.

„Du reitest auf Biene",

erzählt Hannah.

Wie aufregend! Marie freut sich.

Biene ist das hübscheste Pony.

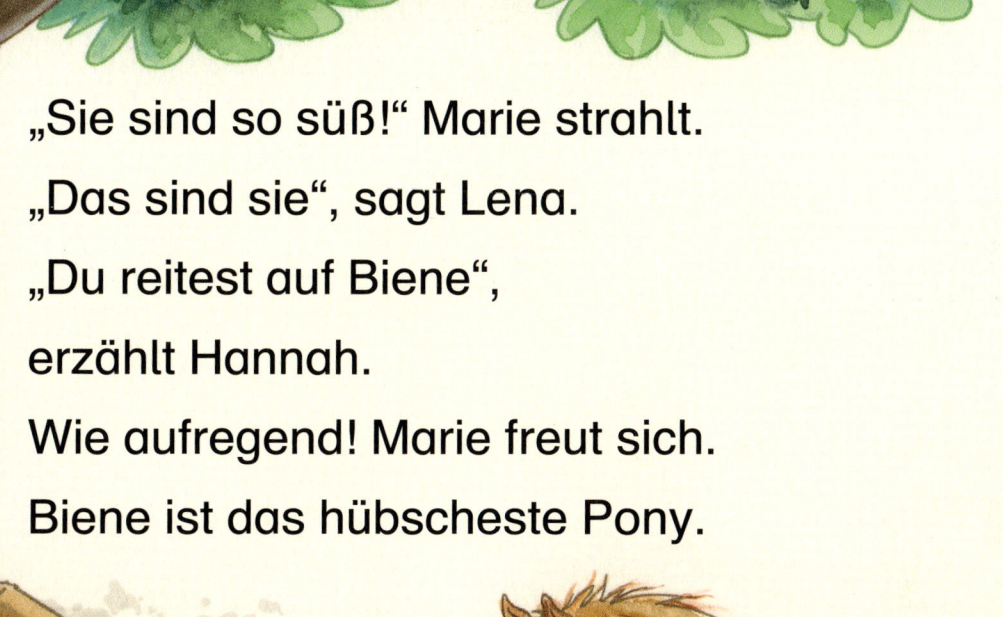

„Hallo, Biene", sagt Marie leise.

Sie streichelt sanft ihren Hals.

Biene fühlt sich weich und warm an.

„Sie ist sehr lieb", erklärt Lena.

„Auf ihr zu reiten, macht viel Spaß."

Doch plötzlich schnappt das Pony
neben Biene mit den Zähnen nach ihr.
Biene geht aufgeschreckt rückwärts.
Schnell springt Marie aus dem Weg,
dabei stolpert sie und fällt hin.
Oh nein!

Lena und Hannah helfen Marie hoch.

Marie ist ganz erschrocken.

„Nur weg hier", denkt sie.

Reiten lernen will sie nicht mehr!

## Süße Überraschung

Lena sieht, wie verängstigt
Marie auf einmal ist.
„Komm", sagt sie deshalb sanft.
„Ich will dir jemanden vorstellen."

Marie folgt Lena durch den Torbogen
zu einer umzäunten Koppel.
Dort grast ein hübsches weißes Pony.
„Das ist Sternchen", sagt Lena.
Da taucht hinter Sternchen
ein kleiner grauer Kopf auf.

„Überraschung!", strahlt Lena.

Jetzt lächelt Marie auch wieder.

Hannah erzählt:

„Als Sternchen auf den Hof kam,

wussten wir nicht,

dass sie ein **Fohlen** erwartet.

Es war wirklich eine Überraschung."

Das Fohlen kommt
auf langen Beinen näher.
„Du kannst es streicheln,
wenn du magst", flüstert Lena.
Marie streicht über seinen Hals.
„Oh, das Fohlen ist ja weich
wie ein Kuscheltier", denkt sie.

„Willst du es herumführen?",
fragt Lena.

„Es ist schon ans Halfter gewöhnt."

„Ja, bitte", sagt Marie.

Noch nie hat sie so etwas Süßes

wie das Fohlen gesehen.

Lena zieht ihm ein grünes Halfter an
und macht den Führstrick daran fest.
Das Fohlen knabbert
genüsslich an der Leine.
Marie muss lachen.
„Es will sich selbst führen",
kichert Hannah.

Lena zeigt Marie,

wie der Führstrick

mit beiden Händen gehalten wird.

„Bitte es loszulaufen", erklärt sie.

„Lauf los!", sagt Marie.

Da läuft die süße Überraschung los.

„Es klappt!", freut sich Marie.

Marie führt das Fohlen zum Gatter.

Lena öffnet ihr das Tor.

Doch das Fohlen bleibt stehen

und wedelt mit dem kurzen Schweif.

„Es will nicht weg

von seiner Mama", vermutet Marie.

„Es muss lernen, dass es sie
eine Weile allein lassen kann",
erklärt Hannah.
„Komm, Kleines", lockt Marie es.
Sie streichelt seine weiche Nase.
Dann macht sie einen Schritt
und das Fohlen folgt ihr.

„Gut gemacht!", lobt eine Stimme.
Marie blickt auf. Mama und
Frau Marle stehen im Torbogen.
„Um mit einem Fohlen zu üben,
braucht man viel Geduld",
sagt Frau Marle.

Marie führt das Fohlen zu ihnen.

„Es macht so Spaß, Mama", jubelt sie.

„Das ist Sternchens Überraschung."

„Sieht aus wie Gassi gehen",

meint Mama.

„Es ist aber noch viel besser",

sagt Marie glücklich.

## Im Sattel

„Tut mir leid, dass dich Biene
umgeworfen hat", sagt Frau Marle.
„Willst du trotzdem auf ihr reiten?"
Marie streicht mit den Fingern
durch die kurze Mähne des Fohlens.
„Ich wünschte, ich könnte
auf *ihm* reiten", murmelt sie.

Lena lächelt und sagt:

„Das wünschen sich alle.

Aber es ist noch viel zu jung."

Hannah nickt.

„Wir müssen warten, bis es drei ist."

„Ob ich so lange warten soll?",

überlegt Marie.

„Das klappt schon mit Biene",
verspricht Frau Marle.
Marie ist sich nicht sicher.
„Ich bringe Smartie weg", sagt Lena.
„Dann kann er keinen Ärger machen!"

Marie bringt das Fohlen zur Koppel.

Hannah hilft ihr mit dem Halfter.

Sofort rennt das Kleine zu Sternchen.

Die **Stute** wiehert leise.

„Sie lobt es, weil es so brav war",

sagt Marie lachend.

Biene wartet immer noch im Hof.

Doch Smartie ist jetzt im Stall.

Frech guckt er über die Tür.

Hannah sattelt Biene für Marie.

„Nächstes Mal zeigen wir dir,

wie das geht", erklärt Frau Marle.

Marie hat Schmetterlinge im Bauch.

Ob das wirklich klappt?

„Schau mal, Bienes Augen", sagt Lena.

„Sie verraten dir, dass sie

ganz lieb ist und gut aufpasst."

Frau Marle führt Biene
zur Aufstiegshilfe.
„Den linken Fuß in den Bügel und
das rechte Bein über den Sattel",
sagt sie zu Marie.
Marie atmet tief durch und …
sitzt auf einmal auf dem Pony.

Sie sieht nach unten.

Oh Schreck, ganz schön hoch!

„Sitz schön gerade",

bittet Frau Marle.

Sie führt Biene über den Hof.

Marie hält die **Zügel**

und sitzt ganz aufrecht.

„Du reitest!", jubelt Lena.

„Ja", staunt Marie. „Ich reite!"

Biene fühlt sich stark an.

Ihre Ohren sind nach vorn gerichtet.

„Das bedeutet, dass sie

zufrieden ist", erklärt Hannah.

Frau Marle führt Biene durch das Tor
zu einem großen, sandigen Platz.
Lena, Hannah und Mama bleiben
am Zaun stehen und sehen zu.
„Benutze die Zügel,
um Biene zu lenken", sagt Frau Marle.

Sanft zieht Marie an einem Zügel.

Sofort dreht Biene ihren Kopf

und geht nach rechts.

„Sie ist so klug!", sagt Marie.

„Das ist sie", antwortet Frau Marle.

# Hoch und runter!

Vorsichtig lenkt Marie Biene
einmal um den Reitplatz.
Sie lauscht dem Geräusch,
das Bienes Hufe im Sand machen.
Das macht Spaß!
Sie reiten einmal um den Platz
und dann in die andere Richtung.

„Willst du **traben**?", fragt Frau Marle.

„Ja, gern!", ruft Marie mutig.

„Drück die Beine an Bienes Bauch",

sagt Frau Marle.

Marie drückt, so fest sie kann.

Plötzlich läuft Biene schneller.

Oh, ist das holprig!

„Hilfe!", ruft Marie. „Das wackelt!"

„Du musst mit deinem Pony

mitgehen", sagt Frau Marle.

„Hoch und runter, hoch und runter!"

„Hoch und runter!", keucht Marie.

Langsam gewöhnt sie sich

an Bienes Trab.

Sie hat nicht mehr das Gefühl,

auf und ab zu hüpfen.

„Sehr gut!", ruft Lena vom Zaun.

„Und jetzt sag: Brrr",

bittet Frau Marle.

Sie ist ganz außer Atem,

weil sie neben Marie herrennt.

Biene fällt in den Schritt.

Marie freut sich über die Pause.

Traben ist anstrengend!

Frau Marle löst die Führleine
vom Halfter.
„Du machst das sehr gut.
Willst du es ohne Leine
versuchen?", fragt sie.
„Oh ja, bitte!", ruft Marie.

Sie reitet rund um den Platz.

Hinter dem Zaun liegt der Wald.

„Ob wir irgendwann mal

einen Ausritt dorthin machen?",

fragt Marie ihr Pony.

Biene wirft den Kopf hoch,

als würde sie sagen: Hoffentlich!

„Darf ich traben?", ruft Marie.

„Natürlich!", antwortet Frau Marle.

„Denk dran, hoch- und runterzugehen,

passend zu Bienes Schritten."

Marie fasst die Zügel fester.

„Ich bin bereit", denkt sie.

Sie drückt die Beine gegen Biene.

Aber das Pony läuft weiter im Schritt.

„Sie ist ein bisschen faul.

Stups sie mal mit den Fersen",

schlägt Frau Marle vor.

Marie gibt Biene einen leichten Stups

und das Pony trabt los.

Oh, wie das schaukelt!

Mit einer Hand hält sie sich

in Bienes Mähne fest,

bis sie ihr Gleichgewicht findet.

Dann steht sie

in den **Steigbügeln** auf.

Hoch und runter, hoch und runter!

Sie trabt am Gatter vorbei.

Lena und Hannah klatschen Beifall.

Marie strahlt.

Biene ist toll und das Reiten auch!

„Schau, Mama!", ruft sie.

„Du bist ein Naturtalent",

lobt Mama.

Doch langsam wird Marie müde.

Sie setzt sich in den Sattel

und lässt Biene im Schritt gehen.

„Braves Mädchen", lobt sie.

Da saust ein Junge mit Rollschuhen

auf der Straße vorbei.

Marie lehnt sich vor

und streichelt Bienes warmen Hals.

„Ich bin so froh, dass Tante Ilse

mir keine Rollschuhe geschenkt hat",

flüstert sie.

„Das hier ist das beste

Geburtstagsgeschenk der Welt!"

**1.** **Wie alt wird Marie? Rechne aus.**

20-10=

20-11=

20-12=

Antwort: 20-11=9 Jahre

**2.** **Was ist in Tante Ilses Geschenk?**
**Kreise das richtige Wort ein.**

ROLLSCHUHEREITHOSESATTELREITHELMTRENSE

Antwort: Reithelm

**3.** **Wer ist Lena und wer ist Hannah?**

Antwort: Links ist Lena, rechts ist Hannah.

54

**4.** **Findest du vier Ponynamen aus der Geschichte im Buchstabengitter?**

| | | | | | | | |
|---|---|---|---|---|---|---|---|
| R | A | L | I | L | O | S | T |
| A | E | Ö | G | S | H | M | I |
| P | R | S | A | M | S | O | N |
| U | U | T | J | A | E | R | A |
| N | K | A | K | R | N | T | S |
| Z | U | P | Ä | T | P | Z | X |
| E | P | I | N | I | R | L | U |
| L | A | N | C | E | L | O | T |

Antwort: Rapunzel, Lancelot, Samson, Smartie

**5.** Lies genau in Spiegelschrift. Auf welchem Pony soll Marie reiten? Kreuze an.

☐ Aska ☐ Biene ☐ Coco

Antwort: Biene

**6.** Warum möchte Marie doch nicht reiten lernen? Kreuze an.

☐ Weil Biene sie so böse anschaut.

☐ Weil Biene ihr nicht niedlich genug ist.

☐ Weil Biene sie umgeworfen hat.

Antwort: Weil Biene sie umgeworfen hat.

**7.** Was ist Sternchens Überraschung? Bringe die Buchstaben in die richtige Reihenfolge.

FLOHNE

Antwort: Fohlen

56

**8.** Welche Farbe hat das Halfter, das Marie dem Fohlen anzieht? Kreise ein.

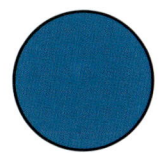 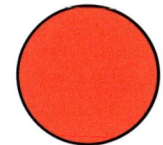 

Antwort: Grün.

**9.** Was hat Marie vor ihrer ersten Reitstunde im Bauch? Trage die fehlenden Buchstaben ein.

SCHME_____ERLIN___E

Antwort: Schmetterlinge

**10.** Was sagt Maries Mama am Ende der Reitstunde? Bringe die Silben in die richtige Reihenfolge. „Du bist ein ...“

TA   NA   LENT   TUR

Antwort: Naturtalent

### Reithelm (Seite 9):

Wer reitet, sollte immer einen Helm tragen, damit der Kopf bei einem Sturz gut geschützt ist. Der Helm darf nicht zu eng anliegen, aber auch nicht zu locker sitzen, damit er nicht verrutscht.

### Ponys (Seite 9):

Alle Pferde, die kleiner sind als 1,48 Meter, gelten in Deutschland als Ponys.

### Halfter (Seite 11):

Ein Halfter besteht aus Riemen, die man dem Pony um den Kopf legt. Daran kann man einen Führstrick befestigen, um das Pony herumzuführen oder anzubinden.

### Fohlen (Seite 21):

Fohlen nennt man junge Pferde und Ponys, bis sie ein Jahr alt werden. Nach seinem ersten Geburtstag ist das Fohlen ein Jährling.

### Stute (Seite 33):

Eine Stute ist ein weibliches Pferd. Ein männliches wird als Hengst bezeichnet.

### Zügel (Seite 37):

Die Zügel sind am Zaumzeug befestigt. Beim Reiten hält man sie in der Hand und kann das Pony damit lenken.

### traben (Seite 42):

Pferde haben drei Grundgangarten: den langsamen Schritt, den mittelschnellen Trab und den schnellen Galopp.

### Steigbügel (Seite 50):

Die Steigbügel werden auf beiden Seiten mit Riemen am Sattel befestigt und dienen beim Reiten als Fußstütze.

Blättere schnell um und trage die roten Buchstaben in der richtigen Reihenfolge in die Kästchen ein!

**Pippa Young** lebt auf dem Land in England. Wenn es nicht gerade regnet, findet man sie fast immer beim Reiten – und manchmal sogar, wenn es regnet! Sie liebt es, über all ihre Lieblingsponys vom Ponyhof Apfelblüte zu schreiben.

**Lisa Althaus** studierte an der Universität für angewandte Kunst in Wien und an der Akademie der Bildenden Künste in München. Sie wohnt in der Bodenseegegend und arbeitet als freie Künstlerin und Illustratorin.

# Das Leselöwen-Lösungswort

Besuche den Leselöwen auf
**www.leseloewen.de** und trage
die farbigen Buchstaben
von der Seite *Schon gewusst?*
in der richtigen Reihenfolge
in die magische Box ein.

Wenn du das Lösungswort
gefunden hast, kommst du
auf die geheime Seite mit vielen
weiteren Spielen und Rätseln!

Der **Leselöwe** freut sich auf dich!

Jetzt
online!